근본불교 성전(上)

〈뿌리없는 나무〉

(사)한국불교금강선원 금강회

編纂者
(建幢弟子)

慧性 梵行幢	智光 芙蓉幢	道行 法龍幢
聖德 摩尼幢	道觀 靈洲幢	慧林 法雨幢
大行 道成幢	法眼 文殊幢	明善 普照幢
法印 海淸幢	常月 燈明幢	普賢 弘恩幢
法珠 安養幢	淨印 正法幢	曉耕 慈惠幢
瑞雲 蓮華幢	法興 眞如幢	無空 法瑞幢
大圓 碧松幢	知空 鳳林幢	大願行 普光幢
眞性華 紫霞幢	慈悲行 法雲幢	精進行 甘露幢

지도위원 : 활안큰스님

편 집 자 : 한국불교통신대학 학장 서무선
　　　　　 사무국장 이희경　과장 조형숙

그　　림 : 박미경

머리말

인도의 성녀 사라녀(沙羅女)가 미스 인디아로 뽑혀 내일 왕궁에 바쳐지게 되었는데 갑자기 그날 저녁 앉은 자세로 열반에 들었다.

그의 친구 칠현녀(七賢女)들이 부군들에게 승낙을 받고 시다림(屍多林:공동묘지)에 가서 그의 마지막 길을 전송하기로 하였는데 3천 개의 만장을 구경하는 사람들이 길을 메꾸고 있었기 때문에 겨우 석 달 만에 승낙을 받고 가니 360 골절(骨節)로 형성된 성녀의 몸뚱이는 앙상하게 뼈대로 눕혀져 있어 놀란 친구들은 자신들도 모르는 사이에

"악!"

하고 소리를 질렀다. 그 소리가 도리천(33천)을 진동하여 제석천왕이 내려다보니 시녀 3천 궁녀에게서는 일찍이 보지 못한 상서로움이 있어 일곱 개의 꽃다발을 가지고 내려와 선물하고 물었다.

"나와 사귀면 안 됩니까?"

"저희들도 천하제일의 대장부들을 모시고 있는데 당신이 이 사바세계의 주인이시라면 이 세상에 없는 것이 없을테니 세 가지 물건을 주면 우리 일곱 사람이 같이 모시고 가서 세세생생 모시겠습니다."

"그래 그럼 그 세 가지가 무엇입니까?"

"첫째는 뿌리 없는 나무(無根樹) 하나요
둘째는 그림자 없는 땅덩어리(無影地) 한 평이요
셋째는 메아리가 울리지 않는 골짜기(無響谷)입니다."

하였다.

그래서 그는 사방으로 찾아 다니다가 마침내 부처님을 뵙고 물었다.

"부처님, 세상에 이런 물건도 있습니까?"

"그럼."

하고

"제석(帝釋)아!"

부처님께서 제석의 이름을 불렀다.

"예"

하니

"바로 그것이니라."

하여 그것을 가지고 갔더니

"이것은 오직 부처님밖에 아는 사람이 없는데 어떻게 찾아오셨습니까?"

환영하자 제석천왕은 지금까지도

"그 칠현녀들과 함께 법담(法談)을 나누며 즐겨 놀고 있다."고 한다.

우리는 부처님께서 입멸하실 때 맨 마지막으로 찾아온 수발다라의 법문으로부터 그들 칠현녀들과 제석천왕의 큰 세계를 유랑하면서 부처님께서 45년 동안 설하신 진리의 노래를 음미하며 그림자 없는 땅덩어리 속에서 메아리 없는 노래를 부르며 뿌리 없는 나무 이야기를 다시 한번 음미(吟味)해 보고자 한다.

보고 느끼신 바 있다면 줄 없는 거문고를 타면서 가섭존자의 법무(法舞)를 한번 추어보십시오.

그림자 없는 땅속에서
이름 없는 사람들이 씀

일 러 두 기

1. 이글은 부처님께서 성도 하신 이후 45년간 설법 하신 진리의 말씀을 7현녀가 노래하듯

2. 우리도 부처님의 말씀을 들은 제자들과 함께 부처 님 말씀을 듣고 노래한 손자, 증손자까지 백 년 동 안 춤추었던 노래를 한 솥에 끓여본 것입니다.

3. 불교에서는 이 시대의 불교를 원시 근본불교 시대 라 하고 그 후 분열된 불교를 상좌, 대중부의 불 교, 즉 부파불교(部派佛教) 또는 소·대승불교 (小·大乘佛教)라 부릅니다.

목 차

머리말 / 4
일러두기 / 7

1. 수발다라(須跋多羅)의 깨달음

  나이 18세부터 120세까지 전 인도를 유랑하며 여러 종교지도자들과 사상가들을 만났는데 모두가 자신의 종교와 사상은 옳고 남의 종교와 사상은 그르다 배척하였습니다.

  그렇다면 부처님 생각은 어떠하십니까?

  "바를 정자(正)가 있으면 외도도 불교이고 바를 정자(正)가 없으면 불교도 외도다."

  "부처님, 감사합니다. 만약 부처님께서 저를 마지막 제자로 허락하시고 저의 열반을 증명해 주신다면 바로 이 자리에서 열반에 들겠습니다."

  마음은 경계를 따라 흘러가건만
  흘러가는 곳은 자기도 잘 알지 못하나니
  천만번 흘러가도 하나인 줄만 알면
  기쁨과 슬픔에 속지 않으리라.

2. 바를 정자(正)의 뜻

그러면 어떤 것이 바를 정자의 뜻인가?

"고락성쇠(苦樂盛衰)의 길을 알고

번뇌의 길을 알고

생노병사(生老病死)의 길을 알면

이 사람이 바를 정자를 똑바로 아는 사람이다."

하였다. 평상시 부처님께서 제자들에게 설하신 8정도는

①바르게 보고(正見)

②바르게 사유하고(正思)

③바르게 말하고(正語)

④바르게 행동하고(正業)

⑤바르게 살고(正命)

⑥바르게 노력하고(正精進)

⑦바르게 알아차리고(正念)

⑧바르게 마음을 안정하라(正定)

한것이 그것이다.

그런데 티베트의 달라이라마는

①사념처(四念處: 身不淨, 受是苦, 心無常, 法無我))
②사정단(四正斷: 惡斷 律儀斷, 守護斷, 修斷)
③사신족(四神足: 定如意足, 精進如意足, 心如意足, 思如意足)
④오근(五根:信, 進, 念, 定, 慧)
⑤오력(五力:5근에 각각 힘을 얻는 것)
⑥칠각지(七覺支:擇法, 精進, 喜, 除覺, 捨, 定, 念覺支)
이렇게 스물 아홉 가지가 충족되면 저절로 8정도가 실천된다 하였다.

이상 여섯 가지에 8 정도를 더한 것이 37보리분법, 37조도법이며 누구든지 불법을 닦고 실천하는 분은 의무적으로 닦아야 되기 때문에 37조도품이라 부르기도 한다.

3. 7선녀의 노래

제1 선녀가 노래 불렀다.

도에는 8 정도를 으뜸으로 삼고
진리에는 4구(句)를 제일로 친다.
법에는 무욕(無欲)을 으뜸으로 삼고
성현에는 부처님을 제일로 친다.

이 길은 곧 바른 길
이 길 밖엔 다른 길 없다.
이 길로 나아가면 고통 없애고
악마의 무리들을 항복 받는다.

제2 선녀가 노래하였다.

내 이미 도를 깨달아
사랑의 가시를 빼었으니
너희들은 마땅히 힘써
여래의 가르침을 본 받으라.

내 이미 너희에게 법을 설했나니
각자가 스스로 힘써
여래의 가르침을 본받아 행하라.
이 사람은 절대로 독한 화살 맞지 않으리라.

제3 선녀가 노래하였다.

지어진 모든 것 덧없는 것
이렇게 지혜로써 깨달은 사람은
괴로움을 진실로 느끼지 않아
일마다 그 자취를 깨끗이 한다.

만들어진 모든 것은 괴로운 것
이렇게 지혜로써 깨달은 사람은
괴로움을 진실로 느끼지 않아
일마다 그 자취를 깨끗이 하리.

제4 선녀가 노래하였다.

지어진 모든 것은 실체가 없다.
이렇게 지혜로써 깨달은 사람은
고통 속에서도 고통을 느끼지 않아
일마다 그 자취를 깨끗이 한다.

떨쳐 일어날 때 일어나지 않고
젊음을 믿어 힘쓰지 않으며
약한 마음 인형처럼 게으르면
그는 언제나 어둠 속을 헤매리.

제5 선녀가 노래하였다.

말을 삼가고 뜻을 지키고
몸으로 악한 행실 행하지 않고
몸과 입과 뜻을 깨끗이 하면
도를 얻는다고 부처님께서 말씀하였다.

생각이 온전하면 지혜가 생기고
생각이 흩어지면 번뇌 일어나니
두 가지 길을 밝게 알아서
지혜롭게 따르면 도는 저절로 이루어진다.

제6 선녀가 노래 불렀다.

나무를 잘라 쉬지 아니하면
모든 악은 자라 무성하나니
나무를 잘라 뿌리까지 파헤치면
비구들이여 그대들은 해탈하리라.

조금이라도 사랑이 남아 있어
가슴 속에 잠겨오는 동안은
언제고 마음은 거기 끄달릴 것이니
젖을 찾는 송아지처럼…

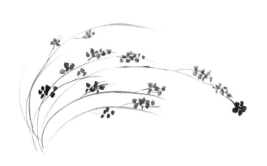

제7 선녀가 노래하였다.

가을 연못에 연꽃을 꺾듯
자기를 위하여 집착을 버려라.
자취 없애고 가르침 따르면
부처님처럼 열반을 증득하리라.

여름에는 여기서 살고
겨울에는 내 저기서 살 것이다.
어리석은 사람은 이렇게 생각하여
죽음에 이르러서도 깨닫지 못하리라.

제석천왕이 노래하였다.

아내와 자식의 집착에 빠져
먼길을 생각하지 못하는 사람은
갑자기 닥쳐온 죽음에
홍수에 떠내려간 마을과 같이 되리.

자식도 믿을 것 없다.
부모 형제도 믿을 것 없고
죽음에 다달아 숨 떨어질 때
나를 구원할 친구 없는 것 같다.

지혜 있는 사람은 이 뜻을 알아
삼가 몸을 닦아 계를 지키고
부지런히 힘써 세상을 떠나
열반으로 가는 길 깨끗하리라.

4. 난다의 깨달음

부처님 이복동생 난다가 산에 갔다가
길거리에 떨어져 있는 헝겊과 지푸라기를 보고
헝겊은 집어넣고 지푸라기를 버리자

부처님께서 물었다.
"난다야 거기서 무슨 냄새가 나느냐?"
"예, 헝겊에서는 향냄새가 나고 지푸라기에서는
비린내가 납니다."

"본래부터 거기 향냄새와 비린내가 있었겠느냐?"
"아닙니다. 향을 쌌으므로 향냄새가 나고
생선을 엮었으므로 비린내가 납니다."
"난다야, 너도 그렇다."
하고 부처님께서 노래하였다.

부처님의 노래

마음은 모든 일의 근본이 된다.
마음속에 악한 일을 생각하면
그 말과 행동도 그러하여
수레바퀴처럼 그 고통이 따르리라.

마음은 모든 일의 근본이 된다.
마음속에 착한 일 생각하면
그 말과 행동도 그러하여
마치 내 그림자가 형체를 따르듯 하리라.

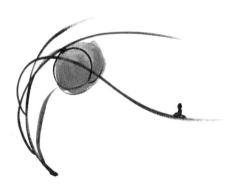

난다의 노래

그는 나를 때리고 욕하며
나를 이기고 빼앗았지만
저는 끝내 그 원한 이기지 않습니다.

그는 나를 욕하고 때리면서
나를 이기고 내 것을 빼앗았지만
내 마음에 그것을 새기지 않으니
원한은 이내 고요해졌습니다.

부처님의 노래

원망을 원망으로 갚으면
마침내 원망은 쉬어지지 않는다.
오직 참음으로써 원망은 쉬나니
이 법은 영원히 변하지 않으리라.

남의 허물만 꾸짖지 말고
힘써 내 몸을 보살펴 보라.
사람이 만일 이렇게 깨달으면
그 때문에 다툼은 길이 쉬리라.

난다의 노래

생활의 즐거움만 쫓아 구하고
모든 감관 보호하지 않으면
악마는 마침내 그를 뒤집어
바람에 약한 풀을 쓸어 넘기듯

생활의 즐거움만 구하지 않고
먹고 마심에 정도가 있으면
악마는 그를 뒤엎지 못할 것이다.
바람 앞에 우뚝 선 산처럼…

부처님의 노래

마음에 독한 태도 버리지 못하고
욕심따라 휘말리면서
스스로 자기를 다스리지 못하면
그가 입은 옷은 법답지 못하리라.

마음에 독한 태도 뱉어버리고
고요히 모든 계를 잘 생각하며
법답게 수행하고 정진하면
몸 위에 입은 법의 행위에 꼭 알맞으리라.

난다의 노래

지붕 잇기를 촘촘히 하면
비가 와도 새지 않는 것처럼
탐욕은 이것을 뚫지 못한다.

지붕 잇기를 성기게 하면
비가 올 때 곧 새는 것처럼
마음을 조심히 가지지 아니하면
탐욕은 곧 그것을 뚫는다.

5. 제바닷다와 부처님

※제바닷다는 부처님 사촌동생
형님 믿고 놀다가 지옥 가서 혼짝 나고
정신 차려 살려 하였지만
명이 다해 지옥에 들어갔다.

부처님의 노래

계를 감로로 알고
방일을 죽음이라 여기는 사람은
탐욕 속에서 죽고
도를 닦아 스스로 기뻐한다.

세상의 이치를 밝게 알아
방일하지 않는 사람은
여기서 기쁘고 저기서 기뻐
성자의 경계 속에 항상 기쁨을 즐긴다.

제바닷다의 노래

그들은 항상 도를 생각해
스스로 큰 세계에서 바른길을 지키면
용맹스럽게 세상을 건너
이 세상과 저 세상에서 언제나 평온하리.

바른 생각 떨쳐 일으켜
깨끗한 행동으로 악을 멸하고
스스로 억제하여 법답게 살면
그 사람의 이름은 날로 자라나리라.

부처님의 노래

기운을 떨쳐 방일하지 않고
스스로 억제하고 마음을 다스리면
지혜 있는 사람은 주(洲)를 만들어
사나운 물결에도 떠나가지 않는다.

어리석은 사람은 기쁜 탓 몰라
방일에 빠져 다투기를 좋아하되
지혜 있는 사람은 항상 삼가서
보물을 보호하듯 방일을 막는다.

제바닷다의 노래

방일하지 말고 다투지 말라.
탐욕과 즐거움을 길들이지 말라.
고요히 생각하고 방일하지 않으면
큰 즐거움은 나를 떠나지 않으리라.

방일심을 스스로 금해 방일을 떠난 사람
이미 지혜의 높은 곳에 올라 두려움도 걱정도 없다.
어리석은 사람은 내려다보고
마치 산 위에서 평지를 보듯 한다.

부처님의 노래

방일 속에 있으면서도 방일하지 않고
잠속에 있으면서도 깨어있는 사람은
준마가 달리듯 질풍같이 달려
로마(駑馬:무거운 짐을 실은 말)를 뒤로 하고
멀리 떠나가리라.

부지런하면 칭찬받고
게으르면 비난받는다.
마갈범이 방일하지 않고
죽은 뒤에 천상에 가 주인 되듯이.

제바닷다의 노래

많은 방일을 즐기지 않고
두려워 걱정하는 사람은
마음에 얽혀 있는 번뇌 벗기면
불꽃처럼 살다 불꽃처럼 사라지리라.

방일을 삼가고 두려워하는 사람은
삼계의 고통에서 벗어나 다시는 고통받지 않고
진리의 비 맞으며
벌써 열반에 이르러 있네.

※제바는 같은 석씨 문중에 태어나
부처님의 고귀한 행을 보고
새로운 교단을 만들어 우쭐대다가
살아서 지옥 가서 불구덩이에 떨어진 사람이다.

6. 거북이와 물개

마음이 가벼워 이리저리 날뛰면
지키기도 어렵고 감당하기도 어렵다.
지혜 있는 사람이 활과 화살 다루듯이

고기가 물에서 잡혀 나와
땅바닥에 버려진 것과 같이
악마의 무리 속에 빠지면
우리 마음은 겁을 내고 두려워 한다.

물개의 노래

욕심을 내어 함부로 날뛰는 자는
마음을 지키기 어려운 사람이다.
그 마음 항복 받으면 훌륭한 일
항복한 마음은 즐거움을 가져다 준다.

욕심을 따라 함부로 날뛰는 자는
미묘한 마음 보기 어렵다.
지혜 있는 사람은 스스로 지키나니
지켜진 마음은 즐거움을 가져 온다.

거북이의 노래

멀리 혼자 가서
흔적 없이 사는 사람
마음을 제어하여 도를 따르면
악마의 속박에서 스스로 물러나리라.

마음이 편안하게 머물지 못하면
법다운 법을 모르게 되고
세상일에 함부로 들떠 헤매는 사람은
원만한 지혜를 갖추기 어렵다.

물개의 노래

마음이 고요히 머물지 않으면
끊임없이 변화하여 끝이 없나니.
어진 이는 이것을 깨달아
악을 돌이켜 복을 만든다.

이 몸은 빈 병과 같다고 보고
이 마음을 성처럼 든든하게 가지면
지혜로써 악마와 싸워 이겨
다시는 그들을 날뛰게 하지 못하리.

거북이의 노래

이 몸을 빈 병과 같다고 보고
이 마음을 성처럼 든든히 하면
지혜가 악마와 싸워
다시는 그들을 날뛰게 하지 못하리.

아아 이 몸은 오래지 않아
도로 땅으로 돌아갈 것이다.
정신이 한번 몸을 떠나면
해골만 앙상히 땅 위에 굴러다니리.

물개의 노래

원수가 하는 일이 어떻다 해도
적들이 하는 일이 어떻다 해도
거짓으로 향하는 내 마음이
내게 짓는 해악보다는 못하리라.

아버지, 어머니가 어떻다 해도
친척들이 하는 일이 어떻다 해도
정직으로 향하는 내 마음이
내게 짓는 행복보다는 못하리라.

7. 전다라와 부처님

※전다라는 화장실 청소하는 사람이다.

부처님의 노래

누가 살만한 땅을 가릴 것인가.

누가 지옥을 버리고 천당을 취할 것인가.

누가 거룩한 법 설하기를

꽃을 가려 꺾는 것 같이 할 것인가.

공부인은 좋은 땅을 가린 자.

지옥을 버리고 천당을 취한다.

그는 거룩한 법 듣기를

좋은 꽃 가져 꺾는 것 같이 한다.

전다라의 노래

이 몸은 물거품 같고
모든 일은 아지랑이
악마의 꽃 화살을 꺾어 버리면
죽음의 왕 보는 일 없다.

예쁜 꽃 따 모으는 사람은
오로지 마음에 빠진 사람
죽음은 어느새 잡아가나니
마치 저 잠든 마을을 홍수가 쓸어 가듯.

부처님의 노래

예쁜 꽃 따 모으기에
오로지 마음이 빠진 사람
몸은 어느새 시들고 마나니
그 욕심 가득 채우기도 전에

꽃의 빛이나 향기 해치지 않고
오직 꿀만 따가는 꿀벌처럼
지혜 있는 사람은
마음 들어 밥 빌 때도 그러하네.

전다라의 노래

남의 잘못 보지 않고
행하고 행하지 않는 것 보지 않고
오직 항상 자기를 돌보아
법에 맞게 하는 사람

사랑스러운 예쁜 꽃이
빛깔만 곱고 향기가 없듯
아무리 좋은 아름다운 말도
행하지 않으면 결과가 없다.

8. 아사세 왕과 부처님

※아사세왕은 빔비사라왕의 아들이다.

부처님의 노래

잠 못 드는 사람에겐 밤은 길어라.
피곤한 사람에겐 길은 멀어라.
어리석은 사람에겐
생사의 길은 멀어라.

나보다 나을 것 없고
내게 알맞은 길벗 없거든
차라리 혼자 가며 착한 일 할지언정
어리석은 사람의 길동무 되지 말라.

아사세왕의 노래

내 아들이다, 내 재산이다 하여
어리석은 사람은 괴로워 허덕인다.
나의 내가 이미 없거늘
누구의 아들이며 누구의 재산인가.

어리석은 사람은 어리석다 하고
스스로 알아 깨달으면 벌써 어진 사람
어리석은 사람을 어질다 하면
그 사람이야말로 어리석은 사람이다.

부처님의 노래

어리석은 사람은 한평생 다 하도록
어진 사람을 가까이 섬겨도
참다운 법을 알지 못하나니
숟가락이 국 맛을 모르는 것 같이.

지혜로운 사람은 잠깐이라도
어진 사람을 섬기면
곧바로 찾아온 법을 아나니
혀가 국 맛을 아는 것처럼!

아사세왕의 노래

어리석어 지혜 없는 중생
자기에 대해서 원수처럼 행동한다.
욕심 따라 악한 법 지어
스스로 고통의 결과 얻느니라.

악한 법 지은 뒤에
업보 받아 스스로 뉘우치며
눈물 흘리며 슬퍼하나니
그 인과가 어디서 올 것인가!

부처님의 노래

착한 업 지은 뒤에
갚음을 받아 뉘우침 없고
스스로 복을 누려 기뻐하나니
그 기쁨 어디서 올 것인가 돌이켜 보네.

그릇된 죄가 아직 익기 전에는
어리석은 사람은 꿀같이 생각한다.
그릇된 죄가 한창 익은 뒤에야
어리석은 사람은 비로소 고통을 깨닫는다.

아사세왕의 노래

어리석은 사람은 형식 안에서
날마다 음식의 고행을 본받아도
그는 참된 법 아는 사람의
16분의 1에도 미치지 못한다.

금방 짜낸 소젖은 상하지 않듯
재에 덮인 불씨는 그대로 있듯
지어진 업은 당장에 보이지 않으나
그늘에 숨어 깨부술 기회를 엿본다.

9. 천제와 부처님

　천제의 노래

선악을 길들여 피할 줄 아는 사람
마침내 걱정이 없어지나니
그 길을 알려준 친구를 만나지 못해
재주는 천 가지, 화근을 만나네.

밤낮을 힘써
굳세게 계를 지켜
착한 사람 공양하면
악한 사람 되지 않으리.

부처님의 노래

악한 사람과 짝하지 말고
어리석은 사람과 친하지 말라.
착한 친구를 생각해 따르고
뛰어난 선비를 친구로 사귀어라.

법을 즐기면 언제나 편안하고
그 마음이 기쁘고 깨끗하다.
어진 사람은 성인의 법을 들어
항상 즐거이 실천하기 때문이다.

천제가 노래 불렀다.

활 만드는 사람은 화살을 다룰 줄 알며
뱃사람은 배를 부릴 줄 안다.
목수는 나무를 다루고
지혜 있는 사람은 자신을 다루기 때문이다.

바람이 아무리 불어도
반석은 흔들리지 않나니
어진 사람은 뜻이 굳세어
비방과 칭찬에 흔들리지 않는다.

10. 아라한과 부처님

부처님의 노래

지나야 할 길은 이미 지나고
끊어야 할 걱정 일체 떠나라.
모든 얽매임에서 벗어난 사람에겐
괴로움도 번뇌도 없다.

그들은 깊은 생각에 마음이 편안하며
다시는 사는 집을 즐겨 하지 않나니
기러기가 놀던 못을 버리고 가듯
이 세상 사는 곳을 버리고 간다.

나한님들의 노래

만일 사람이 의지할 바가 없더라도
쓰임새는 절도가 있음을 안다.
마음은 비고 상도 없이 해탈에 이르면
그 사람의 자취는 찾을 수 없다.

아라한이 노래하였다.

비고 고요한 마음
말도 행동도 그러하여
바른 지혜를 해탈한 사람
이 사람이 적멸에 들어간 사람이다.

부처님께서 노래하였다.

욕심 버리고 집착을 떠나
삼계의 속박을 이미 벗어났다면
이 사람은 삼계의 유혹을 벗어난 사람
이 사람이야말로 훌륭한 사람이다.

촌락에 있어서나 숲 속에 있어서나
평지에 있어서나 고원에 있어서나
저 아라한이 지나간 곳은
누구도 그 은혜를 받지 않는다.

나한님의 노래

마음의 더러움이 다하고
거짓된 즐거움에 집착 없이
빈 마음 상 없이 해탈한 사람은
허공에 나는 새와 같아 자취가 없다.

만일 사람이 잘 길든 말처럼
욕심을 따른 감관을 억제해서
교만한 마음 더러움을 다하면
모든 천신들도 그를 공경하나니.

부처님의 노래

땅처럼 다투지 않고
산처럼 움직이지 않고
진흙 없는 못과 같은 사람.
이 사람에게는 생사가 없다.

보통사람 좋아하지 않고
고요한 곳을 즐기는 사람
바랄 것 없고 구할 것 없으면
위 없는 즐거움이 그 속에 있으리.

11. 바보 반특가와 부처님

부처님의 노래

비록 천 글귀를 외우더라도

그 글 뜻이 바르지 못하면

단 한마디 말을 듣더라도

편안함을 얻으면 그것이 낫다.

비록 천 게송을 외우더라도

그 뜻을 알지 못하면 무엇이 유익하랴.

단 하나의 뜻을 들어도

편안함을 얻은 것만 못하리라.

반특가 비구의 노래

아무리 경전을 많이 외워도
그 뜻을 모르면 무엇하겠는가.
단 한 구절의 법을 듣더라도
그것을 행하면 도를 얻은 것이다.

전쟁에서 수천의 적과 싸우더라도
혼자 싸워 이기는 것보다
하나의 자신을 이기는 것이야말로
참으로 전사 중의 전사라 할 것이다.

부처님의 노래

자기를 이기는 것이 제일이다.

그런 사람은 사람 중의 왕이다.

다른 사람을 이기는 것이 아니라

오직 자기를 이기는 사람이다.

언제나 자기를 다루어 따르고

그 사람의 눈에는 승리의 월계관이 씌어 있다.

신도 악마도 범천도

그 사람의 승리를 방해할 수 없다.

반특가의 노래

한 달에 한 번 제사를 지내고
목숨이 다하도록 쉬지 않아도
오로지 한 사람의 업을 생각하는
그 사람의 공덕은 어디에도 비교할 수 없다.

비록 한평생 목숨이 다하도록
날마다 마구니(火神)를 받들어 섬겨
잠깐동안 삼세 부처님께 돌아가
공양하는 것만 비교가 안 된다.

부처님의 노래

신에게 제사 지내 복을 구하고
그 갚음을 바란다 해도
아라한 경배하는 그 공덕에는
4분의 1도 값이 되지 않는다.

항상 예절을 잘 지키고
장로를 높이는 사람에겐
수(壽)와 복(福) 즐거움이
끝이 없다 하였다.

반특가의 노래

비록 사람이 백 년을 살아도
계를 버리고 어지러이 날뛰면
계를 지키고 하루를 사는 것만
그 공덕이 넓지 못하다 하였다.

비록 사람이 백 년을 살아도
악한 지혜로 어지럽게 날뛰면
지혜롭게 하루를 살면서
생각을 고요함만 못한다 했다.

부처님의 노래

비록 사람이 백 년을 살아도
감로의 맛을 보지 못하면
하루를 살면서
그 맛을 본 사람만 못하느니라.

12. 도둑들과 부처님

나연기국 산골짜기에 도둑 떼들이 살면서 지나가는 사람을

해치고 물건을 빼앗았다.

나라연 임금님께서 수차례 토벌했어도

끝내 정벌하지 못하자

부처님께서 단신으로 나아가 제도하신 일이 있다.

부처님의 노래

선을 보고도 따르지 않고
복을 구해도 바르지 않으면
어리석음이 즐거워
그때부터 독(毒)이 무서워지게 되리라.

사람이 비록 악을 지었더라도
그것을 자주 되풀이 하지 않고
고쳐 나갈 줄 안다면
악이 쌓이는 것이 작아질 것이다.

도둑들의 노래

사람이 만약 무슨 짓이든
그것을 보고 자주자주 되풀이하면
그 가운데 기쁨이 솟아
세상을 즐겁게 하고 행복하게 하리라.

악의 열매가 익기 전에는
악한 사람도 복을 만난다.
악의 열매가 익고 나면
악한 사람은 죄를 받는다.

부처님의 노래

선의 열매가 익기 전에는
착한 사람도 화를 만난다.
선의 열매가 익은 뒤에는
착한 사람은 복을 받는다.

그것은 재앙이 없을 것이라 해서
조그마한 악이라고 가벼이 여기지 말라.
방울 물이 작아도 큰 병을 채우나니
이 세상의 큰 죄악은 그렇게 해서 만들어진다.

도둑들의 노래

그것은 복이 되지 않을 것이라 해서
작은 선이라도 가벼이 여기지 말라
방울 물이 모이고 모이면 큰 강을 이루나니
세상의 큰 행복은 그렇게 해서 이루어진다 들었다.

재물은 많고 길동무가 적으면
장사꾼이 위대한 길을 피하듯이
탐욕의 적은 목숨을 해하므로
나쁜 길을 피해가도록 하여야 한다.

13. 병든 비구와 부처님

병든 비구가 대중처소에 누워 있는 것을 보고
부처님께서 몸소 물을 길어 청소하고
옷을 빨아 말린 뒤 승당에 높이 올려놓으니
임금님과 신하들이 와서 보고 감탄하였다.

부처님의 노래

자기 생명에 이것을 견주어
남을 죽이거나 죽게 하지 마라.

모든 생명은 즐거움을 즐기나니
그것을 때리거나 저주하지 말라.

그 속에서 즐거움을 느낀 사람은
죽은 뒤 반드시 좋은 곳에 태어나지 못할 것이다.

병든 비구의 노래

병든 생명도 즐거움을 즐기나니
때리거나 욕하고 업신여기면
반드시 그 과보를 받을 것이다.
병들고 죽는 고통을…

부처님은 남이 듣기 싫은 소리 하지 말라 하였다.
그러니 이 몸이 움직이지 못해
이러지도 저러지도 못할 때
내 자신은 내가 무척 불쌍하고 가련했다.

부처님의 노래

종이나 경쇠를 고요히 치듯
착한 마음으로 부드럽게 말하라.
그의 몸에는 시비가 없어
벌써 열반에 든 사람이 되리라.

소치는 사람이 채찍으로써
소를 몰아 목장으로 가는 것처럼
늙음과 죽음도 그러하여
사람의 목숨을 죽음으로 몰고 간다.

병든 스님의 노래

어리석은 사람은 악을 짓고도
스스로 그것을 깨닫지 못한다.
제가 지은 업에서 일어나는 불길에
제 몸을 태우며 괴로워 한다.

착한 사람 매질하거나
죄 없는 사람 거짓으로 모함하지 말라.
그 갚음은 끝이 없어
마음의 열 가지를 몸으로 받는다.

부처님의 노래

태어남이 못 견딜 고통
신체의 노쇠와 불구
무서운 질병에
마침내 몸이 미친다.

사람의 모함, 관청의 형벌
재물의 실패, 친척의 이별
가옥의 화재, 사후의 지옥
이것이 열 가지 갚음이다.

병든 스님의 노래

옷 벗고 길거리 다니는 것
상투 꽂고 몸에 회칠하고
단식하고 길거리 눕고 똥을 바르고
기어 다니는 고행도
마음의 의심을 떠나지 못한 중생의 죄를 씻지 못한다.

스스로 법답게 몸을 가져
몸과 마음의 행실을 바르게 하고
모든 생명을 해치지 않으면
그것이 바라문 사문이요, 비구라 했다.

14. 늙은 바라문과 부처님

일곱 명의 늙은 바라문들이

지나가다가 기원정사에 들어와

부처님께 인사하자

객실 하나를 주어 편히 쉬게 하셨는데

세속적인 이야기로 밤을 지새자

부처님께서

다음과 같이 노래하였다.

부처님의 노래

무엇을 웃고 기뻐하랴.
세상은 쉼 없이 타고 있는데
그대들은 어둠에 덮여 있구나.
어찌하여 등불을 찾지 않는가.

보라, 이 부서지기 쉬운 병든 몸을 이끌고
그래도 좋다고 히히덕 거리는가.
욕망은 많고 병들기 쉬운 몸
거기에 변치 않는 선약이 있는가.

늙은 바라문의 노래

노인들의 몸이 늙으면 인품은 쇠한다.
그것은 병의 집, 스스로 망한 것
형체는 무너지고 살은 빠져
삶은 고기처럼 죽고 말 것이다.

목숨이 다해 정신이 떠나
가을 숲에 버려진 표범처럼
살은 썩고 백골만 남아
이리 뒹굴고 저리 뒹굴 것이다.

부처님의 노래

뼈를 엮어 성을 만들고
살로 바르고 피를 돌려
그 가운데 늙음과 죽을 수밖에 없는데도
어리석은 사람은 교만과 성냄을 버리지 못한다.

호화롭던 임금님 수레도 부서지는데
이 몸이 어찌 늙고 썩지 않겠는가.
오직 착한 덕만이 세상에 남나니
이것은 어지신 이들이 남기신 말들이다.

바라문들의 노래

사람이 만약 바른 법을 모른다면
늙은 황소의 무거운 몸처럼
한껏 자라나 근종만 더해
하나도 불어 난 것이 없다.

내 집이 어디서 만들어 온 곳도 모르면서
끝없이 오고 가고 오고 가면서
얼마나 많이 근심 걱정 겪었던가.
다음 생을 기약할 줄 모르면서.

15. 500 바라문과 부처님

　※사위국의 500 바라문이 부처님과 그의 제자들을
집에 초청하여 도완이를 시켜

　소, 돼지를 잡고 큰잔치를 벌였다.

　그때 부처님이 걸림 없이 가셔서 노래 불렀다.

부처님의 노래

거룩하고 법다운 성인의 가르침은
바른 도로써 중생을 제도한다.
어리석은 사람들은 도리어 미워해 비방하나니
열매가 익으면 갈애 열매와 같아지리라.

스스로 악을 행해 그 죄를 받고
스스로 선을 행해 그 복을 받는다.
죄도 복도 내게 매였으니
누가 그것을 대신해 받으리!

바라문의 노래

사람이 만일 자기를 사랑하거든
모름지기 삼가 자기를 보호해야 할 것인데
지혜 있는 사람을 함정에 빠뜨리려다
도리어 죄인들이 함정에 빠졌네.

처음에는 먼저 자기 할 일을 살펴
옳고 그름을 알아 거기 어울리려 한 것인데
남을 괴롭히려다 도리어 함정에 빠졌으니
애초부터 그런 맘은 먹지도 말아야 하리라.

부처님의 노래

남을 가르치려 말고
나 먼저 가르치라.
다루기 어려운 자기를 놓아두고
누구 먼저 건지려 하는가.

자기 마음을 스승으로 삼고
남을 따라 스승으로 삼지 말라.
자기를 잘 알아 스승이 되면
능히 얻기 어려운 스승이 되리라.

바라문들의 노래

원래 자기가 지은 업이라
뒤에 가서 누가 대신 받겠는가.
자기가 지은 죄를 자기가 부수나니
금강석이 보석을 다스리는 것처럼.

사람이 만일 계를 안 지켜
욕심 따라 달릴 대로 달리면
넌출이 무서운 사라수 나무에 걸리어
적의로 자신을 죽일 것이다.

16. 다미사왕과 부처님

대 보시회를 베푸는 다미사왕께 가서

참된 보시심을 깨닫게 하였다.

부처님의 노래

천하고 더러운 법 배우지 말고
방일로 시간을 보내지 말라.
그릇된 소견을 가지지 말고
세상의 악을 돕지 말라.

게으름 피우지 말고 힘차게 일어나
좋은 법을 따라 즐거이 나아가라.
좋은 법을 따르면 잠이 편안하고
이승에서도 저승에서도 즐겁다.

다미사왕의 노래

좋은 법 즐거이 행하라.
악한 법 행하지 말라.
좋은 법 행하면 언제나 즐겁고
이승에서도 저승에서도 즐겁다.

세상은 물거품 같다고 보라.
아지랑이와 같은 세상
이렇게 세상을 관찰하는 사람은
죽음의 왕을 보지 않는다.

부처님의 노래

이 몸을 임금님의
화려한 수레와 같다고 보라.
어리석은 사람은 이 속에 빠지고
지혜 있는 사람은 거기 집착하지 않는다.

사람이 먼저 잘못이 있더라도
뒤에는 삼가 다시 짓지 않으면
그는 능히 이 세상 비출 것이다.
달이 구름 속에서 나온 것 같이...

부처님의 노래

사람이 먼저 악업을 짓더라도
뒤에 와서 이것을 선으로 멸하면
그는 능히 이 세상을 비추리라.
달이 구름에서 나온 것처럼

어리석음 속에 있으면 세상이 어둡다.
그 속에서 세상을 바로 보는 사람은 드물다.
그물을 벗어나 하늘을 나는
그런 새가 드물 듯 사람도 드물다.

다미사왕의 노래

그물을 벗어난 기러기 떼가
하늘을 높이 나는 것처럼
어진 이는 악마와 그 권속을 쳐부수고
세상 멀리 떠나 노닐 것이다.

한 가지 법을 잘못 범하고
알면서 일부러 거짓말하면
뒤 세상 두려움 믿지 않는 사람
지어서 안 될 악이 없을 것이다.

부처님의 노래

어리석은 사람은 하늘에 못 가나니
베풀 줄 모르기 때문이다.
재물, 학문, 지식을 보시하는 사람은
하늘에 가서 항상 즐거움을 느낀다.

이 천하를 통치하는 것 보다
천상의 복을 받는 것보다도
천하에 임금님이 되는 것보다도
성인의 길을 가는 것이 으뜸의 길이다.

17. 강동사람과 강남사람

※간디스강 동쪽에 큰 무역촌이 있어 부처님이 거기 갔으나

법을 듣는 사람이 없었다.

그런데 강남사람이 홀로 물 위를 걸어오자

사람들이 놀라서

법문을 듣고 깨달음을 얻었다.

강남사람의 노래

이미 세상의 모든 악을 어겨
어떤 누구에게도 지지 않는 사람
지혜와 식견이 뛰어난 부처님을
누가 그릇된 길로 인도하겠는가.

유혹과 욕심의 그물을 끊고
사랑을 위해 끌리는 일이 없는
지혜와 식견이 가이 없는 불타를
누가 그릇된 길로 이끌고 가겠는가.

부처님의 노래

굳세고 씩씩하게 마음을 세워
집을 떠나 부지런히 도를 닦아
바른 지혜 고요히 생각하는 사람은
하늘도 예배한다.

사람의 몸은 얻기 어렵다.
세상에 나서 오래 살기 어렵다.
부처님이 계신 세상에 태어나기 어렵다.
또 그의 깨달은 법은 듣기 어렵다.

강남사람의 노래

모든 악을 짓지 않고
모든 선을 받들어 행해
스스로 그 뜻을 깨끗이 하면
이것이 모든 부처님의 가르침이다.

욕(辱)을 참는 것 훌륭한 것이고
계를 지키는 것 훌륭한 일이다.
성을 내어 남을 괴롭게 하지 않으면
누구나 계를 지키고 열반을 증득하리라.

부처님의 노래

남을 비방하고 괴롭히지 말라.
음식을 알아 가난을 물리치고
계를 지키고 고요한 곳에 사는 자.
이것이 수행자의 근본이 된다.

하늘이 7보를 비처럼 내리고
욕심을 부려 배로 재물을 모으는 사람
즐거움은 잠깐이요 괴로움은 끝이 없어서
이것을 깨달은 사람이 출가한 사문이다.

강남사람의 노래

하늘의 즐거움은 받을 수 있어도
그것을 범해 탐하지 않고
즐거이 사람을 떠나 버리는 사람
그 같은 사람이 부처님 제자다.

많은 사람은 두려움에 끌려
산이나 우거진 숲에
사당을 세우고 동상을 세워놓고
제사를 드려 복을 구한다.

강동사람의 노래

그러나 이러한 기도나 제사는
예쁜 것도 귀한 것도 아니다.
그렇게 우리는 수천 년 살아왔어도
우리들은 영원히 괴로움에서 벗어나지 못했다.

거룩한 부처님과 그가 설한 법
법을 따르는 가운데서 귀의하고 나니
4 제의 진리를 깨달아
바른 지혜를 얻었다.

강남사람의 노래

생사의 고통은 번뇌의 집(集)에 있다.
그것을 떠나 이미 도를 이룬 사람
그 사람은 이미 생사에서 벗어나
해탈자재 하였다.

복과 지혜 갖추신 부처님께 귀의하고
그분의 가르침대로 계를 지키면
이 세상의 모든 괴로움 벗어버리고
새가 하늘을 나는 것처럼 자유를 얻으리라.

강동사람들의 노래

거룩한 사람은 만나기 어렵다.
그는 아무 데서나 나지 않는다.
그가 태어나는 곳은 어디서나
만 중생이 함께 복을 받는다.

부처님 나심은 즐거움이다.
법을 듣는 것 즐거운 일이다.
도를 닦는 것 즐거운 일이다.
스님의 화합은 즐거운 것이다.

부처님의 노래

진리를 모아 마음이 깨끗하고

생사의 깊은 바다를 건너

세상을 복되게 하시는 분

그분이 모든 고통을 구하는 부처님이다.

사람이 만일 바르고 뚜렷하게

도를 닦아 욕심 없으면

이 사람은 복덕이 한량없어

모든 부처님들이 칭찬하는 사람이다.

18. 빔비사라 왕과 불가사의 왕

불가사의 왕이 빔비사라 왕께 예쁜 꽃병에
꽃을 가득 담아 보내왔다.
빔비사라 왕은 부처님께 그것을 가지고 가
자랑하고 바친 뒤
"무엇을 보내야 그의 마음을 흐뭇하게 할지
모르겠습니다."
물으니
"12 인연경(無明, 行, 識, 名色, 六入, 觸, 受, 愛, 取,
有, 生, 老死)을 베껴서 보내라."
하였다.
"세상의 욕락은 끝이 없으나
진리의 보배는 당장에 열매를 맺습니다."
하고 독실한 불자가 되었다.

불가사의 왕의 노래

원망 속에 있어도 노여움 없으니
내 생은 이미 평온해졌다.
모든 사람 모두 원망하는 속에서도
나 혼자만이라도 평온하니 극락이다.

번민 속에 있어도 번민 없으니
내 생은 이미 평온하다.
번민 속에 헤매는 중생들에게
열반의 청량수를 맛보게 하겠다.

빔비사라 왕의 노래

탐욕 속에 있어도 탐욕 없으니
내 인생은 비로소 평온하다.
인연 있는 모든 사람들에게 가르침 주어
이 세상을 즐겁게 살도록 가르치겠다.

맑고 깨끗하여 가진 것 없어도
내 삶은 이미 평온하다.
하늘에 있는 태양처럼
즐거움으로 양식을 삼고 살아가겠다.

부처님의 노래

승리는 원한을 가져오고
패한 사람은 괴로워 누워 있네.
이기고 지는 마음 모두 떠나고
다툼없이 영원히 평온하리.

음욕에 지나는 불길 없고
성냄에 지나는 독이 없고
이 몸보다 더 큰 고통이 없고
열반보다 더 큰 즐거움 없느리라.

불가사의 왕의 노래

굶주림보다 더 큰 병이 없고
번뇌, 망상보다 더 큰 괴로움 없다.
내 오늘 비로소 이 길을 알았으니
나머지 인생을 즐겁게 살겠다.

병이 없는 것 가장 큰 행복이요
만족을 아는 것 가장 큰 재물이다.
깨달은 친구가 제일 큰 보배이고
즐거움을 나눌 수 있는 벗이 제일 큰 벗이다.

빔비사라 왕의 노래

번뇌를 멀리 떠나 홀로 고요히 있어도
외로움은 갈 곳 없고 감로 맛이 입에 돈다.
음욕도 탐심도 모두 다 벗어버렸으니
감로의 단 이슬이 바로 이것 아니겠는가.

거룩한 사람 보는 것 즐겁고
거룩한 사람 섬기는 것 즐겁고
어리석은 사람 만나는 것 괴롭고
더불어 좋은 일 하는 것 즐겁다.

부처님의 노래

어리석은 사람과 함께하기 어렵나니
마치 원수와 함께 있는 것 같기 때문이다.
어진 사람과 함께 있으면 즐겁나니
아! 친족들이 만난 것 같느니라.

어진 사람이 많이 들으면 즐겁고
욕심을 참고 계를 지키는 이 거룩한 사람
이들을 함께 모셔 받들면
햇볕 속에 쌀과 같이 천하가 밝아지느니라.

19. 보안왕과 부처님

※옛날 보안왕이 네 친구와 모여 놀면서 이 세상에
무엇이 제일 좋은가 물으니

한 왕은 유희가 즐겁다 하니

한 왕은 음악이 즐겁다 하였다.

또 한 왕은 재물이 즐겁다 하니

한 왕은 애욕이 귀하다 하였다.

그때 보안왕이 부처님께 들은 노래를 불렀다.

보안왕의 노래

도를 어기면 거기를 따르게 하고
도를 따르면 자기를 등지게 된다.
그러나 이 두 가지를 아는 사람은
한가지도 등지지 않고 항상 즐겁게 살리라.

사랑하는 사람 가지지 말라.
미운 사람도 가지지 말라.
사랑하는 사람은 못 만나 괴롭고
미운 사람은 만나서 괴롭다.

부처님이 노래 불렀다.

사랑하는 사람 가지지 말라
미움의 근본이 된다.
미워하는 사람도 가지지 말라.
두 곳에 마음 빼앗기지 않으면
가는 곳마다 걱정이 없으리라.

사랑으로부터 걱정이 생기고
사랑으로부터 두려움이 생긴다.
사랑이 없으면 걱정도 없나니
어느 곳에 두려움이 있겠는가.

친구들이 노래하였다.

친구로부터 걱정이 생기고
친구로부터 두려움이 생긴다.
두 군데 다 근심 걱정 없어지면
어느 곳에 인생의 걱정이 있겠는가.

애락(哀樂)으로부터 두려움이 생기고
애락(哀樂)으로부터 걱정이 생기네.
두 군데 다 걱정이 없어지면
어느 곳에 두려움이 생기리.

보안왕이 노래 불렀다.

갈애(渴愛)로부터 걱정이 생기고
갈애(渴愛)로부터 두려움이 생겼네.
갈애(渴愛) 없는 곳에 걱정이 없으니
어느 곳에 또한 두려움이 있으리.

바른 소견과 착한 계
정성된 뜻에 말이 참되면
스스로 하는 일이 법도에 맞아
많은 사람들의 사랑을 받으리.

부처님의 노래

오직 하나 열반을 바라보고
즐거이 힘써 게으르지 않으면
마음에 욕심 걸림 없어
마침내 생사의 물결에서 벗어나리라.

마치 사람이 고향을 떠나
오랜 세월 나그네가 되었다가
고향에 돌아오면
친척과 모든 벗들이 반가워 하듯이…

보안왕의 노래

이 세상에서 즐거이 복을 짓고
이승으로 저승으로 가는 사람은
가는 곳마다 친척들을 만나듯이
복 밭 속에서 즐거움만 맛보리.

세상에 자기를 사랑하고자 하는 사람은
남을 사랑하기를 나를 사랑하듯 하라.
그러하면 어느 곳에 가든지
사랑 없는 곳이 없을 것이다.

20. 아난존자와 부처님

부처님의 노래

성냄을 버려라. 거만을 버려라.

모든 여독과 탐심을 버려라.

정신에도 물질에도 집착하지 않으면

고요하고 편안하여 괴로움이 없으리라.

성내는 사람도 스스로 눌러

달리는 수레를 멈추듯 하라.

그는 훌륭한 운전수

그밖에는 오직 운전대를 잡을 뿐!

아난다의 노래

욕을 참아서 분노를 이기고
착함으로써 악을 이겨라.
보시를 줌으로써 인석(悋惜)을 이기고
지성으로써 거짓을 이겨라.

속이지 말라. 성내지 말라.
많은 것을 구해서 탐내지 말라.
이 세 가지를 법답게 행하면
죽어서 곧장 천당에 나리라.

부처님의 노래

항상 스스로 몸을 거두어
중생의 목숨을 해치지 않으면
그는 바로 천상에 태어나
걱정 없이 살아갈 것이다.

마음이 항상 한 곳에 깨어 있어
밤낮 쉬지 않고 꾸준히 닦아
더러움 가시고 깨달음 생기면
그는 반드시 열반에 들리라.

아난다의 노래

옛날 옛날부터 사람들은 서로 헐뜯어 왔나니
말이 많아도 비방
말이 적어도 비방
이 세상 비방 받지 않는 사람은 없었다.

비방만 받고 칭찬만 받는 사람도 없었으니
그 속에서 도 닦는 사람 있으면
비방 받듯 칭찬 받듯
세상 사람들의 이익을 위해 살리라.

부처님의 노래

총명하고 영리해 법을 받들고
지혜와 계율 선정까지 갖추어
가는 곳마다 태양처럼 빛나면
누가 그를 칭찬하고 헐뜯겠는가.

아라한은 말이 없다.
헐뜯든지 칭찬하든지
그러므로 신도들이 구름 모이듯 하고
하늘의 제석천도 받들어 모시느니라.

아난다의 노래

항상 내 몸을 잘 지키고
성내는 마음 없이
사나운 행동 없이
덕을 베풀면 만인이 좋아하리라

항상 내 집을 잘 지켜라
입으로 떠드는 악당들도 떠나되
법다운 망상하면
미워하는 사람 없으리라.

부처님의 노래

항상 내 마음 내가 지켜라.
성내는 마음에서 특히 잘 지켜라.
악한 생각 멀리 떠나
도 닦는 생각하여라.

몸을 지키고 업을 지키고
마음을 지키면
성냄도 어리석음도
욕(辱)된 일 없으리라.

21. 더럽고 깨끗함

부모에게도 형제에게도
막치기로 대하는 사람이 있었다.
수년 동안 절에 있다 가서도
스님들을 비방하였다.
마지못해 부모님께서 데리고 오니
부처님께서 경계하였다.

부처님의 노래

살아 생전 좋은 일 한 적 없으니
염라대왕의 사자가 네 곁에 왔다.
너는 이제 황천 문턱에 섰으나
그러나 너에게는 노자도 없구나.

너는 너의 귀의할 곳을 만들라.
빨리 힘써 어질고 지혜로워라.
마음에 더러움이 없는 사람은
다시는 죽고 삶에 들지 않는다.

더러운 친구

어진 사람은 서둘거나 급하게 하지 않고
조용히 차근차근 꾸준히 노력하여
금을 다루는 야장이처럼
마음의 때를 벗긴다 하였다.

악은 사람의 마음에서 나와
도로 사람의 몸을 망친다 들었다.
마치 녹이 쇠에서 나와
바로 그 쇠를 먹는 것처럼.

부처님의 노래

익히지 않는 것을 말의 때라고 하고
부지런하지 않은 것을 집의 때라 한다.
게으른 것을 몸의 때라 하고
방일한 것을 일의 때라 한다.

인색한 것을 시자(施者)의 때라 하고
선을 행하지 않는 것을 행의 때라 한다.
이 세상 모든 악한 행실은
이승이나 또 저승의 때가 된다.

더러운 친구

세상의 많은 때 가운데
어리석음보다 더한 것은 없다.
출가하여 공부하는 이들은
악의 때를 벗기고 선행하는 것을 보았다.

은혜도 모르고 부끄럼도 없이
못된 성질로 교만 부리고
낯짝 두껍게 덕을 버린 사람
이 사람이야말로 천하 더러운 사람이다.

부처님의 노래

부끄러워하는 것 괴롭다 해도
이름과 이름 버려 집착 없으면
바르게 겸손하게 지혜로워져
생활은 어렵다 해도 깨끗한 생활이다.

사람이 만일 생명을 죽이고
하늘 땅에는 진실이 없으며
주지 않는 물건 빼앗아 가지고
남의 여자를 가까이 하는 것 즐기는 자도 있다.

외로운 친구

욕심따라 계를 범하고
몰라 미련에 빠지게 되면
그는 벌써 이승에서
제 몸의 뿌리를 판 사람이다.

사람들아 이것을 마땅히 알라!
제어할 줄 모르면 모두가 악
법답지 않은 모든 악을 멀리 해
같이 네 몸을 괴롭게 하지 말라.

부처님의 노래

참으로 마음에서 우러난 보시는
이름이나 칭찬을 바라지 않는다
만일 남의 허식만을 따른다면
마음은 항상 편안하지 못하리라.

칭찬을 바라는 모든 허영 버리고
이름을 생각하는 욕심 끊어서
밤낮으로 하나만을 지켜나가면
그 마음 언제나 인정하리라.

22. 살차(철관) 바라문과 부처님

부처님의 노래

바른 도를 즐기는 사람은
이익을 위해 다투지 않나니
이익이 있거나 없거나
욕심이 없는 자는 미혹하지 않는다.

항상 사랑으로 남을 이끌고
마음을 바르게 법답게 쓰면
정의를 지키고 지혜로운 사람
이를 도 닦는 사람이라 한다.

살차바라문의 노래

지혜로운 사람이란
말만 잘하는 것이 아니고
두려움도 없고 미움도 없는
지혜롭고 착한 사람으로 알아 왔다.

이른바 법을 지닌 사람
말은 적어도 법대로 사는 사람
함부로 망동(妄動)하지 않고
법대로 사는 사람이라 알고 있다.

부처님의 노래

이른바 장로란
나이만 많고
머리가 희고 주름살만 많은 것이 아니라
법을 잘 알고 후배들을 잘 가르치는 사람이다.

진실과 법과 사랑을 가지고
부드럽고 공정하고 사납지 않게
이치대로 깨끗하게 살아가면서
후배들을 잘 가르치는 사람이다.

살차바라문의 노래

이른바 단정한 사람이란
질투하고 인색하고 아첨하나
말과 행동이 어긋남이 없는 사람
얼굴까지 고우면 더욱 단정한 사람이다.

모습에 악이 서리지 않고
악의 뿌리까지 제거해 버린 자
성내지 않고 지혜롭다면
이 사람이 진짜 단정한 사람이다.

부처님의 노래

사문이란 머리만 깎고 법복만 입은 게 아니라
말이 바르고 행동에 욕심이 없으며
청정한 계가 냄새를 풍기면
이 사람이 진짜 사문이다.

작은 일이나 큰일에 있어서나
시종일관 허물이 없고
심성이 고요하여 거짓이 없으면
이 사람이 진짜 사문이다.

살차바라문의 노래

이른바 비구란
밥만 빌어 먹는 것이 아니고
마음과 행동에 더러움이 없으면
이 사람이 진짜 비구로 안다.

죄와 복을 함께 버려
조용히 법다운 행을 닦아
지혜롭게 세상을 살아가는 사람
이 사람이 진짜 비구다.

23. 기성 왕과 부처님

부처님의 노래

조그만 즐거움을 버림으로써
큰 갚음을 얻을 수 있다면
어진 이는 그 큰 즐거움을 바라보고
조그만 즐거움을 즐거이 버렸다.

남에게 수고와 괴로움을 끼쳐
거기에 내 공을 얻으려 하면
그 재앙은 내게로 돌아온다.
원망과 미움은 끝이 없을 것이다.

기성 왕의 노래

마땅히 할 일을 함부로 하고
해서는 안 될 일을 즐거이 하여
마음에 방일 행하면
나쁜 버릇은 쉽게 고쳐지지 않는다

마땅히 할 일 힘써 행하고
버릴 것 힘써 버리면
스스로 깨달아 내 몸을 닦게 되고
바른 지혜는 날로 자라날 것이다.

부처님의 노래

아버지(거만)와 어머니(사랑) 인연을 끊고

두 임금님의 단상수행(斷常修行)을 죽이고

온 나라(喜)를 쳐부수고(貪)

마음의 더러움(十二因緣)을 없애야 바라문이 되나니

아버지와 어머니 인연 끊고

거룩한 두 임금님의 신하를 거느리고

모든 진영(五蘊)의 군사를 죽여야

바라문은 마음에 더러움이 없나니.

기성 왕의 노래

언제나 깨어 있어 잘 깨닫는
그는 구담, 부처님의 제자이다.
낮이나 밤이나 부처님을 생각하고
한마음으로 부처님께 예배한다.

언제나 깨어 있어 잘 깨닫는
그는 구담, 부처님의 제자
낮이나 밤이나 법을 생각하고
한마음으로 법에게 예배한다.

부처님의 노래

언제나 깨어 있어 잘 깨닫는
그는 구담, 부처님의 제자
낮이나 밤이나 좋은 일 생각하고
한마음으로 중에게 예배한다.

언제나 깨어 있어 잘 깨닫는
그는 구담, 부처님의 제자
낮이나 밤이나 몸을 생각하고
한마음으로 몸을 지킨다.

기성 왕의 노래

언제나 깨어 있어 잘 깨닫는
그는 구담, 부처님의 제자
낮이나 밤이나 자비를 생각하고
한마음으로 자비를 즐긴다.

언제나 깨어 있어 잘 깨닫는
그는 구담, 부처님의 제자
낮이나 밤이나 선정을 생각하고
한마음으로 선정을 즐긴다.

부처님의 노래

출가하기는 어려운 일
집에 있으면 괴로운 일
함께 살다 이익을 같이 하고
가난의 괴로움 속에 살기 어렵다.

어찌 아니 스스로 힘쓸 것이냐
비구들 나가 동냥도 어렵나니
어쨌든 도를 따라 한 길로 나아가자
그 속에 의식이 스스로 있느니라.

기성 왕의 노래

믿음 있으면 계가 저절로 이루어지고
계를 따르면 이름이 높아진다.
이름을 쫓아 어진 벗 많으리니
가는 곳 어디서나 공양 받는다.

멀리 있어도 높은 산의 눈처럼
도를 가까이 하면 이름이 나타나고
가까이 있어도 밤에 쏜 화살처럼
도를 멀리하면 나타나지 않는다.

부처님의 노래

한번 앉거나 한번 눕거나
일거일동에 방일이 없어
오직 하나를 지켜 몸을 바꾸면
거리도 숲속인 듯 마음이 즐겁다.

깊은 산, 숲속에 남몰래 피어 있는 꽃이여
대지에 마음껏 뿌리를 박은 나무여
기름진 봄 하늘에 흘러가는 햇빛
파릇한 산들바람. 마음껏 비치누나.

24. 부란나 가섭과 부처님

 부란나 가섭의 노래

옛날 사위국에 부란나 가섭이 있었다.

일찍이 바라문이 되어

니열성의 사랑을 한 몸에 받다가

석가여래께 찾아와 인격이 낮아지니

신통 경연대회를 자청하여

"물속으로 들어가며 나오지 않으면 천당 간 줄 알고

너희들도 나를 함께 따라오너라."

그리하여 제자들까지도 모두 물에 빠져 죽었다.

부처님의 노래

거짓말을 하면 지옥에 떨어진다.
거짓말을 하고도 하지 않았다 하면
두 겹의 죄를 한꺼번에 받나니
제 몸을 끌고 지옥에 떨어진다.

어깨에 비록 가사를 걸쳤더라도
악을 행해 스스로 억제하지 못하면
그는 진실로 악행에 빠진 사람
목숨을 마치면 지옥에 떨어지리라.

부란나 가섭의 노래

차라리 불에 구운 돌을 먹거나
불에 녹은 구리 물을 마실지언정
계를 부수고 절제가 없이
남의 보시를 받아쓰지 말라.

남의 아내를 즐겨 범하면
거기에 네 가지 갚음이 있다
남의 비방과 뒤숭숭한 꿈
복이 없어 결국 지옥에 떨어진다.

부처님의 노래

복과 이익이 없다 하여 죄악에 떨어지면
악이 두렵고 즐거움이 적다.
법에서는 무거운 벌
목숨 바치면 지옥에 들어간다.

그것은 마치 띠 풀을 뽑을 때
늦추어 잡으면 손이 베이듯
계를 배우고도 단속하지 않으면
사람도 지옥으로 이끌어 넣는다.

부란나 가섭의 노래

해야 할 일을 게을리하고
지켜야 할 계를 함부로 부수며
깨끗한 행실에 흠이 있으면
마침내 큰 복을 받지 못한다.

마땅히 할 일을 행하라
스스로 믿어서 씩씩하게 행하라.
어리석고 덤비는 외도를 떠나
티끌 일으키는 것 배우지 말라.

부처님의 노래

해서 안 되는 일은 행하지 말라.
한 뒤에는 반드시 번민이 따르나니
해야 할 일은 항상 행하라.

변방의 성을 키우듯
안락을 함께 굳건히 지켜
악한 마음이 생기게 하지 말라

조그마한 틈 속에도
근심은 따른다.

부란나 가섭의 노래

부끄러워할 것을 부끄러워 않고
부끄러워 안 할 것을 부끄러워하면
살아 이승에서 그릇된 소견이요
죽어 저승에서는 3 악도에 떨어진다.

두려워할 것을 두려워하지 않고
두려워 안 할 것을 두려워해서
그릇된 소견을 밀고 나아가면
죽어 저승에서 지옥에 떨어진다.

부처님의노래

피해야 할 것을 피하지 않고
나아가야 할 것을 나아가지 않아
그릇된 소견을 즐겨 익히면
죽어 저승에 가서는 지옥에 떨어진다.

가까이해야 할 것을 가까이하고
멀리할 것은 멀리해서
언제나 바른 소견을 가지면
죽어 저승에 가서 선도에 태어난다.

25. 코끼리와 같은 사람

코끼리를 잘 다루는 가제담이 와
코끼리 다루는 법을 말했다.

첫째는 굳센 자갈로 억센 입을 제어하고
둘째는 먹이를 적게 주어 살이 찌지 않게 하고
셋째는 채찍으로 마음을 항복 받는다.

이렇게 하면 왕이 타던 지
전쟁에 나가던 지 아무 장애가 없다.

부처님께서는 나도 세 가지로 사람을 다스린다.
첫째는 지성으로써 구업(口業)을 제어하고
둘째는 사랑으로써 몸의 억셈을 다스리고
셋째는 지혜로써 어리석은 마음을 다스린다.

하시고 다음과 같은 게송을 읊었다.

부처님의 노래

잘 다루어진 노새도 좋고
인다스에서 나는 말도 좋고
큰 어금니를 가진 코끼리도 좋다.
자기를 다룰 줄 아는 사람도 좋다.

억세고 사나워 걷잡을 수 없는
타나파리카(코끼리 이름)도
제가 사는 숲속을 그리워하여
잡아매면 주는 밥을 잘 먹지 않는다.

즐기는 대로 욕심을 따라
이제껏 헤매다니던 마음
내 이제 단단히 걷잡았으니
갈고리로 코끼리를 억눌러 잡듯

도를 즐겨 방일하지 않으며
항상 스스로 마음을 잘 지켜
어려운 곳에서 자기를 구제하면
흙탕에서 나오는 코끼리처럼…

코끼리 조련사의 노래

전쟁에 나가 싸우는 코끼리가
화살을 맞아도 참는 것처럼
나는 세상의 헐뜯음을 참으며
항상 정성으로 남을 구한다.

잘 다루어 훈련된 코끼리는
나랏님이 타시는 바 되는 것처럼
욕(辱)을 참아 스스로 다루어진 사람
사람 가운데 훌륭한 사람이다.

피안에 가는 길

노새들도 코끼리도 말로는 갈 수 없나니
하물며 사람이 가지 못한 곳을 알 수 있겠는가.
오직 잘 다루어진 자기를 탄 사람은
피안에도 이르고 열반 성자가 된 것이다.

모든 악행에 빠져 있는 사람은
항상 탐욕으로 자기를 잡아 매어
살찐 돼지처럼 떠날 줄 몰라
몇 번이고 포대에 돌고 돈다.

부처님의 노래

어질고 착하며 행동을 같이하고
바르고 굳세 동무 얻어 짝하면
모든 어두움 무릅 쓰고 나아가
마침내 편안하고 즐거울 것이다.

어질고 착하고 동행을 같이 하고
바르고 굳센 벗을 만나지 못하면
망한 나라를 버리는 임금님처럼
차라리 혼자 가 악을 삼가라.

차라리 혼자서 선을 행하라.
어리석은 사람과 짝하지 말라.
놀란 코끼리 제 몸을 보호하듯
차라리 혼자 있어 악을 짓지 말라.

코끼리 조련사의 노래

좋은 곳에 나는 것 기쁜 것이다.
이롭게 하는 친구가 있으면 기쁜 것이다.
복은 명이 다할 때 기쁜 것이다.
많은 죄 짓지 않는 사람 기쁜 것이다.

집에 어머니 계시면 즐겁다.
아버지 있으면 또한 즐겁다.
세상에 스님들 있어 즐겁다.
천하에 도가 있어 즐겁다.

계를 가지면 늙어도 즐겁다.
믿음이 굳게 서면 즐겁다.
지혜를 얻으면 즐겁다.
악업을 범하지 않으면 더욱 즐겁다.

26. 애욕의 쇠사슬

사위국 한 장자의 아들이

게으름과 무능력으로

장가를 갔다가

결국 아내를 죽이고

자신도 죽는 비극이 일어났으므로

그의 아버지가 부처님께 찾아가 호소하니

부처님께서 위안하고 깨달음을 주었다.

부처님의 노래

방탕한 마음이 음행에 있으면
애욕의 넝쿨은 뻗고 자라나
나무 열매를 찾는 원숭이처럼
이리저리 미쳐 돌아다닌다.

사납고 독한 애정의 욕심을
그대로 놓아 거기에 집착하면
걱정 근심은 날로 자라나나니
자라난 풀의 넝쿨과 같다.

아버지의 노래

사납고 독한 애정의 욕심을
그대로 놓아 버리지 못하면
걱정 근심 날로 불어나나니
잔잔한 물방울이 못을 채우듯,

도에 뜻을 두어 행하는 사람은
아예 애욕을 일으키지 말라.
먼저 그 근본을 심어 자라지 않게 해야
다시는 갈대에 손을 베는 고통이 없으리라.

부처님의 노래

비록 나무를 베어내도
뿌리가 있으면 다시 나듯이
애욕의 뿌리를 통째로 뽑지 아니하면
살아나는 괴로움을 다 받으리라.

마음속에 36(6근 6경 6식×2)의 흐린 물결이
굳세게 흘러 쉬지 않으면
그 사람은 마침내 휩쓸려 갈 것이다.

아버지의 노래

뜻의 흐름은 물결을 불어나게 하고
애욕의 엉킴은 넝쿨처럼 자라
끝없이 뻗어 나가니
뿌리를 뽑아 제거하여야 할 것이다.

사랑의 즐거움에 맡겨 따르면
애욕의 수렁은 깊어만 가나니
거기에 빠져 헤어날 길 없어
생사의 수레바퀴는 돌고 돌 것이다.

부처님의 노래

애욕에 휘감겨 달리는 중생
그물에 걸린 토끼와 같다.
번뇌와 집착에 꽁꽁 묶이어
얼마나 많은 생을 고통 속에 살겠는가.

세속을 떠나 숲속으로 들어갔다.
숲을 나와서 다시 속세로 들어가면
보라. 이 사람은 애욕을 벗어났다가
다시 속박을 찾아 나아가는 것이다.

아버지의 노래

죄인을 묶는 쇠고랑이나 자물쇠도
어진 이는 단단하다 생각하지 않나니
보물이나 아내나 자식에 대한
집착 때문에 사랑은 더하리라.

깊고 단단하고 차근차근해
나오기 어려운 애욕의 감옥
지혜롭고 어진 이는 이것을 알아
욕을 끊고 두루 놀아 항상 편하다.

부처님의 노래

깊고 단단하고 차근차근해
나오기 어려운 애욕의 감옥
지혜롭고 어진 이는 이것을 알아
욕을 끊고 두루 놀아 항상 편하다.

애욕의 즐거움으로 제 몸을 씻는 이는
고치를 짓는 누에와 같다.
지혜롭고 어진 이는 이것을 안다.
욕을 끊고 두루 놀아 괴로움 없다고.

아버지의 노래

과거도 버려라, 미래도 버려라.
현재의 이 내 몸 생각도 말라.
마음에 걸리는 모든 것을 버리면
생사의 괴로움은 받지 않으니

마음이 어지러워 즐거움만 찾고
음욕을 보고 깨끗다 하면
욕정은 날로 자라나 그칠 줄 모르나니
스스로 제 몸의 감옥을 만든다.

27. 산 짐승들의 회의

새가 말했다 : 나는 배고픔이 제일 큰 고통이다.

비둘기가 말했다 : 나는 음욕이 제일 괴롭다.

뱀이 말했다 : 나는 성내는 것이 제일 괴롭다.

사슴이 말했다 : 나는 사냥꾼이 제일 괴롭다.

부처님의 노래

몸과 입을 보호하는 것, 착한 일이다.
뜻을 보호하는 것 착한 일이다.
만일 비구가 이 두 가지를 행하면
모든 고통을 면할 것이다.

손발을 억제해 함부로 하지 않고
말을 삼가고 행동을 조심하면
선정을 닦아 즐기고 정에 머물러
혼자 있어 만족한 사람 즐거운 일이다.

산짐승들의 노래

비구는 마땅히 입을 지켜
말이 적고 무겁고 또 부드러워
법과 뜻을 그 속에 나타내 보이면
그 말은 반드시 달고 맛있다.

만일 비구가 있어서 법을 즐기고
법에 머물고 법을 항상 생각하고
법 따라 행하여 거기에 편안하면
그는 법에서 물러나지 아니할 것이다.

부처님의 노래

자기의 얻음에서 불평하지 말라.
남의 분을 실없이 부러워 말라.
남을 함부로 부러워하는 비구
마음의 안정을 얻지 못한다.

자기의 얻음에서 불만을 품지 않고
적게나마 쌓아둠이 없으며
게으름 없이 깨끗하게 사는 비구들
하늘도 오히려 칭찬하리라.

산짐승의 노래

세상 모든 것 헛된 것이라.
구태여 가지려 허덕이지도 말고
잃었다고 번민할 것도 없네.
이런 도리를 아는 자가 진짜 비구다.

부처님 가르침 사랑하고 공경하여
언제나 자비스럽게 사는 비구는
고요한 맘으로 진리를 관찰
욕심 없으니 언제나 안락하리.

부처님의 노래

배 밑의 물을 퍼내라.

속이 비면 배가 가벼워 진다.

가슴 속에 음 · 노 · 치 · 독이 없으면

누구나 빨리 열반에 들리라.

5근(根) 5경(境)을 버리고

5동(動) 5력(力)을 닦아가면

탐(貪) · 진(瞋) · 치(恥) · 만(慢) · 의(疑)를 뛰어넘어

생사의 바다를 건너가리라.

산짐승들의 노래

수행자여 정신을 통일하라.
마음을 욕심 속에 춤추게 하지 말라.
뜨거운 철환(鐵丸)이 입에 닿으면
몸은 산산이 부서지고 말리라.

선(禪)이 없으면 지혜 없고
지혜 없으면 선도 제대로 되지 않나니.
선과 지혜를 갖춘 사람이
이미 열반에 가까워졌네.

부처님의 노래

빈 집에 들어가 공을 깨닫고
혼자 있어 마음이 빈 비구는
오직 한 생각 법을 생각하면서
사람 가운데 없는 즐거움 맛보리라.

이 몸은 5음의 거짓 모임
있다 없어지는 것 생각해 알면
마음은 깨끗한 즐거움에 잠기어
시원한 감로를 맛볼 것이다.

28. 우사대신과 부처님

마가다국 아사세왕이

월지국을 치고자 우사 대신을 보내니

우리나라는 일곱 가지 법규를 잘 지키고 살므로

절대 남의 나라에 망할 수 없다 하였다.

무엇이 일곱인가.

①자주 모여 정법을 강의하고

②군신이 어질고 충성 화목하여

③법을 받들어 상하 분별이 없고

④남녀노소의 구별이 분명하고

⑤부모님께 효도하고 어른을 공경하며

⑥천지자연의 이치에 맞추어 매사에 열심히 하고

⑦도를 숭상하고 덕을 닦는 것이다.

대신은 이 말을 듣고 남의 나라를 치려고 애쓸 것이
아니라 우리나라 백성들부터 이 나라의 법도를 먼저
배우도록 하는 것이 좋겠다 하여 두 나라를 화해시키
고 세세생생 싸우지 않고 살았다.

우사 대신의 노래

용감하게 애욕의 흐름을 끊어
모든 욕심을 떠난 바라문이여.
모든 지어지는 것 없어지는 줄 알면
나지도 죽지도 않는 진리에 들어가리.

계도 정도 오직 깨끗해
열반의 저 언덕에 이르렀다면
이 지혜로운 바라문의
속박에서 영원히 벗어나리.

건너야 할 저쪽 언덕도 없고
떠나야 할 이쪽 언덕도 없고
두려움도 없고 근심도 없는 사람
나는 그를 불러 바라문이라 한다.

부처님의 노래

골똘히 생각하고 탐심을 떠나
굳게 법에 머물러 할 일 힘써서
최상의 깊은 뜻을 깨달은 사람
나는 그를 불러 바라문이라 한다.

해는 낮을 비추고 달은 밤을 비추고
무기는 군인을 빛내고 선(禪)은 도인을 빛낸다.
그러면 부처님은 무엇 하러 나왔는가.
밝은 지혜로 세상을 밝히고자 나왔다.

모든 악을 떠난 사람이 바라문이고
바른 길로 들어간 스님을 사문이라 한다.
나는 모든 두려움을 버렸기 때문에
집을 버리고 거리의 도사가 된 것이다.

29. 월지국 왕의 노래

바르게 깨달은 이의 말한 바 법을
마음으로 한번 깨달아 알았거든
그것을 공경해 돌아가 의지하라.
하늘에 기도하는 바라문처럼.

그것은 머리를 묶은 때문이 아니라
동족 때문도 성 때문도 아니다.
진실한 법을 가졌기 때문에
그들을 불러 바라문이라 한다.

머리를 묶으면 무엇하며
풀 옷을 입으면 무엇하랴.
마음의 집착을 버리지 않으면
세상을 이끌만한 지도자가 될 수 없다.

왕

바라문을 때리지 말라.
바라문은 그를 닮으려 하지 않는다
만약 그런 바라문을 때린다면
어떻게 이 세상이 편하게 될 것인가.

사랑에 미쳐 빠지지 않으면
그 공덕도 적지 않다
해치려는 마음이 그친 것 같이
그대에게 괴로움은 없어지리라.

몸과 입과 뜻이
깨끗해 허물도 범하지 않아
이 세 가지 행을 잘 다루는 사람
나는 그를 진짜 바라문이라 한다.

월지국왕의 노래

이 몸의 행이 깨끗하므로
저승에서도 물들지 않고
이승도 저승도 걱정이 없는
그런 사람을 나는 바라문이라 한다.

몸을 내던져 어디에도 의심하지 않고
법을 밝게 알아 의심이 없는
감로의 근원에 이르는 사람
나는 그를 바라문이라 한다.

복과 죄를 함께 여의어
그 어느 것에도 집착하지 않고
슬픔도 기쁨도 다 떠난 사람
나는 그 사람을 진짜 바라문이라 한다.

30. 바라문과 부처님

바라문의 노래

몸에는 누더기를 걸치고
법 따라 몸소 행하고
혼자 있어도 삼매 속에 사는 사람
나는 그를 진짜 바라문이라 한다.

바라문을 부모 삼아 태어난 자는
나를 바라문이라 하지 않는다.
마음속에 모든 번뇌 버린 사람
이것이 진짜 바라문이다.

세상에 구하는 욕심 끊고
그 뜻을 함부로 놀리지 말라.
모든 두려움 떠난 사람
그 사람이 진짜 바라문이다 .

부처님의 노래

사랑과 미움의 흐름을 끊고
미혹의 그물과 자물쇠를 벗어나
어둠의 장벽을 헐어버린
그 사람이 진짜 바라문이다.

죄가 없는데 꾸짖음 받거나
때로 맞거나 결박을 당해도
성내지 않고 참는 힘을 가진 사람
나는 그를 바라문이라 한다.

속업과 침노에 원한을 품지 않고
다만 계를 생각해 욕심 없이
생사의 바다를 건너간 사람
그 사람이 진짜 바라문이다.

우사대신의 노래

연잎이 물방울에 젖지 않듯
뱀이 껍질을 홀랑 벗듯이
세상의 즐거움 마음에서 떠난 사람
그 사람이 바라문이다.

이생의 괴로움을 깨달아
마음속에 더러운 욕심 버려
무거운 짐을 내려놓은 사람
나는 그를 바라문이라 한다.

깊고 고요한 지혜를 깨닫고
바르고 그릇된 것을 분별해 알고
위 없는 법문을 몸소 행하는
나는 그런 사람을 바라문이라 한다.

부처님의 노래

집이 있거나 없거나
마음속에 두려움 없이
욕심 없는 사람
이 사람이야말로 진짜 바라문이다.

악한 것이나 강한 것이나
이 세상 생명임을 모두 놓아 살려주고
해치거나 괴롭힐 마음 없는 사람
이 사람이 진짜 바라문이다.

다툼을 피해 다투지 않고
침노를 당해도 성내지 않고
악을 갚기를 선으로 하는 사람
이 사람이 진짜 바라문이다.

부처님의 노래

탐냄과 성냄, 어리석음, 빚,
교만, 질투, 모든 악을 버리고
세상을 위해 바른 일하는 사람
나는 그대를 바라문이라 한다.

남에게 하는 말 거칠지 않고
듣는 사람 마음 해치지 않고
참다운 말로 남을 가르치는
나는 그런 사람을 진짜 바라문이라 한다.

길거나 짧거나 많거나 적거나
거칠거나 곱거나 깨끗하거나 더럽거나
남이 주지 않는 것은 절대로 갖지 않는 사람
나는 이 사람을 진짜 바라문이라 한다.

근본불교 성전(上)
〈뿌리없는 나무〉

2020년 4월 10일 인쇄
2020년 4월 20일 발행

編 撰　　活眼

발행인　　한국불교금강선원 금강회
발행처　　불교통신교육원
등록번호　　76. 10. 20 제6호
주　소　　12457 경기도 가평군 청평면 남이터길 65
전　화　　031-584-0657, 02-969-2410
인　쇄　　이화문화출판사 (02-738-9880)

값 : 8,000원